Como lidar com o ciúme

Carmem Seib

Como lidar com o ciúme

7ª edição – 2010
3ª reimpressão – 2014

Direção geral:
Ivani Pulga

Coordenação editorial:
Natália Maccari

Projeto editorial:
Denise K. Dognini

Editoração eletrônica:
Denise K. Dognini e Marta Cerqueira Leite

Revisão:
Maria Estela de Alcântara
e Elisabeth Fornari

Gerente de produção:
Antonio Cestaro

Capa:
Rachel H. Salles

Ilustrações:
Gertrud Mueller Nelson*
Clip-art for feasts and seasons e *Clip-art for celebration and service.*
The Liturgical Press, pp. 31-55-57. A.C.Visual, p. 15.

Paulinas
Rua Dona Inácia Uchoa, 62
04110-020 – São Paulo – SP (Brasil)
Tel.: (11) 2125-3500
http://www.paulinas.org.br – editora@paulinas.com.br
Telemarketing e SAC: 0800-7010081

© Pia Sociedade Filhas de São Paulo – São Paulo, 1999

Introdução

Desde a manhã até a noite, nós nos deparamos com dificuldades, contratempos, sofrimentos, agitação e situações de inveja, ciúme, revolta, que podem provocar em nós depressão, ansiedade, medo e implicâncias de toda ordem. Passamos o dia resolvendo esses problemas, sem saber como dar uma guinada em nossa vida. Nós somos os sujeitos da nossa felicidade. A vida é linda! É preciso despertar a nossa sensibilidade, desenvolvendo hábitos positivos, otimistas, transparentes. Se olharmos a vida com menos dureza, menos exigências, ela poderá não ser tão perfeita, mas será mais leve, mais agradável, mais prazerosa.

Ame e faça o que quiser

Explicam os filósofos que há três tipos de amor. *Eros*, ou a paixão, é aquele sentimento que vivenciamos muitas vezes e que sempre confundimos com o verdadeiro amor. Não conseguimos ficar longe da pessoa amada, como se nossa existência dela dependesse. Nosso ciúme é mortal, pois o outro é mais uma posse nossa que um ser amado. Esse sentimento é prejudicial para nós e para o outro e assemelha-se a uma febre alta, durante a qual nós apenas deliramos, sem ver a realidade.

Outro tipo de amor é *Philias*, ou a amizade. Nesse amor, nós ficamos felizes pela pessoa existir. Queremos sempre o seu bem, mesmo que seja duro para nós. É um tipo de amor incondicional, como o da mãe com seu filho, e de verdadeiros casais.

O verdadeiro amor, aquele amor de Deus e dos santos, chama-se *Agapé*, e é traduzido como caridade. Esse amor é para nós muito difícil. É o amor de amar o inimigo, como Jesus ensinou. Para nós, fica a idéia de que nosso amor deve ser sempre incondicional, procurando aproximar-se da caridade e distanciar-se da paixão. Assim nos libertaremos de todas as regras, pois quem ama age muito além e muito melhor do que as regras determinam.

Por que não somos amados?

Um dos filhotinhos do ciúme é pensar que as pessoas não nos amam, não nos admiram. Só os outros têm valor, são reconhecidos e apreciados. Isso acontece entre os nossos familiares, com os colegas de trabalho, em encontros sociais, em toda parte.

Eu tenho uma amiga que é uma cozinheira de mãos cheias, como se diz, mas não tem uma vez que eu vá à casa dela que ela não se desculpe do prato que não saiu como ela queria.

Ou ela quer ouvir sempre este refrão: "Não, não é assim, o prato está ótimo";

ou, na verdade, ela se julga mesmo incapaz, inferior.
O que pode ocorrer é que, de tanto a pessoa menosprezar-se, os outros comecem mesmo a deixá-la de lado.
A quem compete fazer-se amar?

A mais profunda experiência: o amor

A experiência do amor torna-nos únicos para o mundo. Constatar que somos amados e compreendidos em profundidade pelo outro gera em nós um sentido de eternidade. Por isso, acontece o ciúme, o temor de que esse momento inesquecível termine ou seja dividido com alguém.

A única maneira de conservar o amor é deixá-lo livre. O único modo de fazê-lo crescer é olhar juntos para a mesma direção: para um amor maior.

Por que o ciúme?

O amor é belo, mas é cheio de medos. Quem ama vive em sobressalto, sempre atento e preocupado para não perder o tesouro que carrega.
Mas como culpar o ciúme se ele é o guardião do tesouro, o cuidado para não perder o amor?
Se o ciúme não for doentio, doido, prejudicial, se for uma preocupação serena como a que temos com qualquer posse, não temamos o ciúme, pois ele custodia o amor e lhe dá um perfume que é todo seu.

O lado bom do ciúme

O ciúme é, na verdade, um sentimento infantil de posse, mas, ao mesmo tempo, é a dimensão amorosa dessa posse que nos dá a certeza de que somos amados.

Não é só o amor, é também o ciúme que nos faz crescer.

O ciúme tem um lado egoísta quando quer ser o centro das atenções, quando gera uma atitude de posse egoísta e doentia, quando esmaga o amor. Esses são aspectos que precisam ser trabalhados, porque algum resquício da nossa criança está-se escondendo aí.

Mas o ciúme é também o tempero do amor. A regra do tempero nós sabemos muito bem:

nem tanto, nem tão pouco. É o equilíbrio que dá o sabor inesquecível.
O amor seria frustrante se o amado nunca manifestasse nenhum cuidado, nenhuma preocupação para com quem ama.

*Não conseguimos amar alguém
sem que isso nos leve a amar
muitas outras pessoas.*

Erich Fromm

As apelações do ciúme

O nosso inconsciente sabe usar os mais diversos subterfúgios. A mulher que só recebe atenção e carinho do marido quando está doente, pode, até inconscientemente, querer permanecer doente para não perder esse carinho, pois ela acha essas atenções até mais importantes que a saúde.

É um ciúme excessivamente doentio e, na maioria das vezes, inconsciente, mas existe mais do que imaginamos. Apelar para a doença desperta sempre a compreensão do outro.

Em casos como esse, precisamos ser ajudados a descobrir as causas. E o primeiro requisito para sarar é querermos, pois nada pode produzir a nossa cura se nós não a aceitarmos.

Amor possessivo não é amor

Há pessoas que pensam que, quanto mais seu amor é possessivo e exclusivo, tanto mais é total e verdadeiro. Engano! Amor não é como uma fruta que, se é dada a um não se pode dar a outro; amor é como um poço de águas profundas: quanto mais se tira, mais tem.

O amor que exige exclusão e posse amarra a pessoa amada e faz dela um objeto, uma escrava dos interesses de quem ama.

O amor possessivo é justamente o contrário do amor, pois, enquanto o amor verdadeiro é a força, o impulso que faz o outro crescer, o amor possessivo amarra, impede o crescimento.

Esse tipo de amor gera o ciúme doentio, que é morte para o amor.

Amar alguém é comprometer-se

O amor verdadeiro respeita e faz crescer. Devemos prestar atenção no amor que se manifesta com frases como estas: "eu necessito de você"; "eu não posso viver sem você"; "minha vida está em suas mãos"; ele pode ser muito imaturo e interesseiro.

O amor é uma soma para que cada um possa ser mais ele mesmo, e não um paliativo para resolver necessidades, carências e interesses do outro.

O amor verdadeiro, maduro e livre sabe ceder e perder com serenidade para o bem da pessoa amada; sabe viver quando tem o bem e também quando não o tem; sabe dialogar e chegar a conclusões maduras e sensatas. O amor não nasce já todo pronto, de uma vez: ele vai crescendo e fortalecendo-se com o diálogo, o respeito, a compreensão.

Sinceridade no namoro

Falando de ciúme, veio-me à mente a história de Fabrícia. Ela estava noiva de Marcos havia mais de um ano, após terem namorado durante cinco anos.

Uma segunda mulher começou a insinuar-se para Marcos e, por alguns dias, ele ocultou isso de Fabrícia. Mas, embora não tivesse nada com essa segunda mulher, percebeu que, por esconder isso, seu relacionamento estava sendo prejudicado. Resolveu contar tudo à noiva, pois não era justo ocultar esse fato de alguém que já fazia parte de sua vida. Refletiu, escolheu as palavras e contou. Fabrícia, de início, agitou-se, mas depois se sentiu valorizada, merecedora da confiança do noivo, e isso fez crescer ainda mais o respeito e o amor entre os dois. O amor não diminui; pelo contrário, ele se robustece onde há respeito e sinceridade.

Só o amor é capaz de fazer desabrochar

A nossa civilização nos ensina a nos apoderarmos das coisas e possuí-las, enquanto a verdadeira vida, que germina dentro, está em despojar-se, doar-se.

A semente transforma-se em milhares, depois que aceita ficar sob a terra, romperse e transformar-se em planta. É a lei da fecundidade, a lei da vida.

Só a vida do outro pode despertar a nossa vida.

O seu mais leve olhar vai-me fazer,
finalmente, desabrochar,
apesar de eu ter-me fechado
como um punho cerrado.
Você abre-me sempre,
pétala por pétala,
como a primavera abre
(tocando de leve, misteriosamente)
sua primeira rosa.

E. E. Cummings

Nosso grande amor é Deus

Só Deus, que nos fez por amor e é a fonte de todo o amor, é capaz de preencher a nossa sede de amor.

"Ó Deus, tu és o meu Deus,
para ti madrugo.
Minha alma tem sede de ti,
minha carne te deseja com ardor,
como terra seca, esgotada e sem água.
Teu amor vale mais do que a vida:
meus lábios te louvarão.
Vou bendizer-te por toda a minha vida,
e ao teu nome levantar as minhas mãos.
Minha alma está ligada a ti,
e tua direita me sustenta" (Sl 63).

Os caminhos do amor

Como seres humanos, não somos perfeitos, mas possuidores de várias fragilidades e imperfeições.

Algumas vezes, precisamos sucumbir a essas falhas para constatarmos o inexplicável poder do amor.

A experiência mostra-nos que o sucesso no amor é determinado pela intensidade com que nos dispomos ao seu aprendizado. Sim, porque, como tudo na vida, o amor também precisa ser aprendido no dia-a-dia, na convivência com o outro.

Uma fragilidade muito comum no amor é o ciúme, um sentimento que nos im-

pede de crescer, de viver com auto-estima, aceitação e respeito.
O ciúme acontece quando não temos segurança, quando sentimos que estamos sendo enganados. E, contra a mentira e a enganação, só há uma arma: a verdade. Portanto, uma vida que se funda na verdade é uma segurança contra o ciúme.

Quero amá-lo sem asfixiar,
apreciá-lo sem julgar,
unir-me a você
sem escravizá-lo,
convidá-lo sem exigir,
deixá-lo sem sentir-me culpada,
criticá-lo sem ferir
e ajudá-lo sem menosprezar.
Se posso obter
o mesmo de você,
então poderemos realmente
nos encontrar
e nos enriquecer mutuamente.

Virgínia Satir

Ciúme, uma defesa da infância

Lembro-me sempre da minha infância e das situações de ciúme que muitas vezes aconteciam. Era só o papai pegar um de nós no colo para que todos corrêssemos junto dele para dividir o aconchego.

O ciúme é um mecanismo constatado na nossa infância que funciona quase como defesa e serve também como estímulo; sempre o sucesso de alguém é motivação para o nosso aprimoramento.

Porém, com a vinda da maturidade e um certo equilíbrio emocional, o ciúme também deve amadurecer e deixar os sintomas infantis.

Quando, mesmo adultos, conservamos as motivações possessivas da criança, estamos dominados pelas nossas fraquezas, deixando que o ciúme mande em nós.

O ciúme é curável

Quando estamos doentes, procuramos o médico e seguimos à risca suas prescrições. Mesmo que nossa doença seja o ciúme, não devemos agitar-nos, pois todo estado de doença tem seu poder de cura, e o próprio fato de tomarmos consciência da nossa situação já é meio caminho andado.

O fundamental é gastarmos tempo no aprendizado do amor.

O amor não é algo fácil, é uma busca constante, um aprendizado que se reinicia a cada dia. Estaremos a caminho de conseguir o que queremos quando começarmos a acreditar que podemos consegui-lo; e, nesse aprendizado do amor, jamais podemos dizer que estamos formados, estamos sempre acreditando no sucesso do próximo passo.

Amor e ciúme, os famosos irmãos gêmeos

Muitas histórias giram em torno dos famosos primo pobre e primo rico; é o caso do amor e do ciúme.

Quase sempre, acredita-se que amor e ciúme andam juntos, que a prova de um grande amor está na intensidade do ciúme. Mas não é bem assim.

O ciúme é um sentimento mesquinho, de posse, que, em vez de enriquecer, empobrece, tirando da pessoa a confiança em si mesma e reduzindo suas potencialidades psíquicas e espirituais.

Não podemos reprimir nossas emoções, mas também não podemos ser escravos delas, permitindo que estas determinem as nossas decisões e as nossas ações.

Conhecendo nossas potencialidades e nossos limites, teremos segurança e controle sobre os sentimentos.

Quem se conhece prevê o ciúme antes que ele aconteça.

A espiritualidade como alimento

Um elemento básico para nosso conhecimento e transformação é a espiritualidade. Quando alimentamos nosso espírito e refletimos sobre nossos atos, estamos indo ao encontro de nossa verdadeira personalidade, aprofundando, por meio da análise cotidiana, o significado da nossa própria vida.

É fundamental que cultivemos sempre uma relação pessoal de fé com Deus.

Assim, tudo que fizermos será uma resposta ao ato de amor que ele tem para conosco.

"Ninguém tem maior amor que aquele que dá a vida pela pessoa amada" (Jo 15,13).

A vida, para ser bela, deve ser um exercício diário de amor. Deus nos enviou a este mundo com este projeto: realizar o amor.
A comunicação constante com Deus dará resposta aos nossos anseios e dúvidas e a certeza de que, com ele, triunfaremos pelo amor.

Todo ato de amor faz crescer

É maravilhoso termos a certeza de que todo ato de amor faz crescer.

Como pessoas, nós estamos sempre crescendo, escolhendo novos caminhos e optando por novas perspectivas, e, com isso, estamos sempre nos ultrapassando e deixando algo de lado.

Todo crescimento traz mudança, porém, nem sempre estamos dispostos a enfrentá-las. Nossa certeza é esta: o amor faz crescer, mas, como ele não prevê garantias, temos de enfrentar o risco e contar com os obstáculos, sempre com a certeza de que o resultado será gratificante.

O lado de sombras do ciúme

Assumir o próprio ciúme, descobrir seus aspectos patológicos e trabalhá-los é chegar à profundidade de nós mesmos. Somente nos aceitando como somos descobriremos a nossa identidade e lapidaremos aquela pedra preciosa que somos nós. Essa coragem de nos conhecermos e aceitarmos esse mergulho para as profundezas é o lance para uma nova dimensão de nossa vida: a dimensão do amor maduro.

A consciência de que o outro pode fugir de nós estimula-nos e dá-nos força para crescer no amor, para ser dignos e merecedores do amor.

*Assim como as maçãs amadurecem
com o sol, da mesma forma
as pessoas amadurecem
na presença de outra pessoa,
em colaboração com ela.*

G. Torrente Ballester

O amor é um presente de Deus

Muitas vezes, reconhecemos o amor quando o perdemos. Aconteceu isso quando minha vizinha se mudou; só então eu percebi o quanto eu lhe queria bem; seu afastamento provocou um vazio em mim. É claro que o telefone substituiu um pouco, mas nunca é a mesma coisa.

Porém, quando aceitamos a separação, a dor, a tristeza, o desapontamento, o confronto, como aceitamos a alegria, estamos no verdadeiro caminho do amor.

Precisamos sempre buscar a origem no evento amor: amor fraterno, conjugal, materno, amor por toda a humanidade.

Cada um de nós vem ao mundo com a missão de amar. O amor é o maior anseio e a maior realização da pessoa humana. Deus nos amou primeiro, dele recebemos o mandamento: "Amai-vos uns aos outros como eu vos amei".

O amor nos transforma

Como tudo na vida, o amor também é uma realidade bastante complexa, na qual estão presentes muitos outros elementos, como ciúme, inveja, traição, ódio.

Tirando o amor de Deus, nós não conhecemos o amor puro. O amor sempre nos aparece como uma rosa: para que a rosa exista, é preciso que existam também os espinhos.

Mesmo assim, o amor ainda é a maior força que existe em nós; em seu nome, podem ser feitas as melhores ações, mas também os piores crimes.

Mas, de qualquer maneira, é só o amor que nos transforma, que nos amadurece.

Quando não se aceita de coração aberto a dinâmica transformadora do amor, na verdade, a pessoa está-se negando a crescer e permanecerá sempre infantil.

O amor é assim

Quando nos chegam às mãos poemas maravilhosos que descrevem o amor, nós sorrimos e confirmamos: é isso mesmo.

Eu não saberia dizer palavras tão belas e verdadeiras, mas minha experiência confirma.

Tudo na pessoa amada nos fascina, até certos tiques, certa falta de estética, que aos outros incomoda, para quem ama é o detalhe especial e irresistível.

E, tem mais: aquele gesto, aquele aspecto insignificante que a todos passa despercebido, o amante nota e guarda cioso, pois é o detalhe que será só dele, ninguém tem olhos para constatá-lo.

Esse amor profundo e perspicaz a quem nada escapa é como um sol. E pode o sol bater sem provocar a sombra?

Como nos conhecer?

Para amar sem ciúme, antes de tudo, é preciso que conheçamos a nós mesmos. Se eu me conheço só superficialmente, também superficialmente vou conhecer as outras pessoas, inclusive meus familiares e amigos. Sem conhecimento, não se vai a lugar algum; por isso, o primeiro trabalho é saber como se é. Se não nos conhecemos, vamos andando ao léu, enveredando por qualquer caminho, sem saber onde vai dar.

Estudar-nos, conhecer-nos é a mais fascinante das ciências. Quando estamos nas primeiras informações, como que tirando o pó da superfície, já começamos a perceber detalhes estu-

pendos em nós. Que maravilhas só nossas não nos aguardam nas profundezas?
Mas por onde começar? É fácil, basta ficarmos atentos às nossas atitudes, sentimentos e desejos; por meio deles, chegaremos ao profundo de nós mesmos.

O outro faz-me crescer

A dinâmica do ser humano é apaixonante: nascemos necessitados de tudo para poder depender dos outros e assim crescer nessa relação.

Somos, nos primeiros anos, um projeto de gente que se vai construindo pelo amor e dedicação dos outros.

Com os animais, a coisa é diferente; apenas alguns dias ou mesmo horas e eles já estão providenciando a sua subsistência.

Nós não podemos fazer nada por nós, tudo recebemos dos outros. E esse crescimento por meio do amor continua sempre. A dinâmica do nosso desenvolvimento é somente essa: só crescemos se saímos de nós mesmos, se nos voltamos para o outro e nos doamos a ele.

Eu tenho para mim esta imagem: é como se estivéssemos em um barco no meio de um lago querendo chegar à margem; lançamos uma corda, e ela passa a se firmar nas pessoas, como em uma âncora, e retorna a nós; acontece então a maravilha: eu vou puxando a corda para mim, e ela me aproxima da praia.

A liberdade do amor fascina

O amor é o nosso sopro divino; por meio dele nós vamos crescendo e manifestando a vida, a liberdade de Deus em nós. O amor é essa liberdade que nos caracteriza como pessoas. Se o amor não é livre, se não tem espaço para se desenvolver, ele asfixia-se e morre, é como um pássaro preso em uma gaiola. Conheço algumas pessoas que se dedicam a ajudar os necessitados; essas pessoas mudaram tanto, que parecem outras, tão grande é o seu desenvolvimento em maturidade, valorização, compreensão, aceitação dos outros. O primeiro passo é difícil, mas, depois, a liberdade do amor nos fascina.

*É uma lei da vida humana,
tão certa como a da gravidade:
para vivermos plenamente,
precisamos aprender
a usar as coisas
e amar as pessoas...,
não amar as coisas
e usar as pessoas.*

John Powell, sj

Livros sobre o assunto

ALBISETTI, Valerio. *Ciúme: conhecer, estudar, superar*. São Paulo, Paulinas.
————. *Como viver com pessoas ciumentas*. São Paulo, Paulinas.
ALVAREZ, Manuel Díaz. *Conflitos familiares – como enfrentá-los*. São Paulo, Paulinas.
BALDISSERA, Deolino Pedro. *De quem sou? Para quem sou...* São Paulo, Paulinas.
BÍBLIA SAGRADA. TEB. São Paulo, Paulinas.
HERRERO, Joaquín Campos. *Aprendendo a viver. Caminhos para uma transformação positiva*. São Paulo, Paulinas.
————. *Encontrar-se consigo mesmo*. São Paulo, Paulinas.

MEZZONA, Giacomo. *Pais e filhos – um diálogo com o psicólogo*. São Paulo, Paulinas.

NOVELLO, Fernanda Parolari. *Um mergulho em si*. São Paulo, Paulinas.

YEPES, Hernando Duque. *Como prevenir-se e controlar o estresse: síndrome do século XXI*. São Paulo, Paulinas.

———. *Como gerenciar sua própria vida*. São Paulo, Paulinas.

Sumário

Introdução	5
Ame e faça o que quiser	6
Por que não somos amados?	8
A mais profunda experiência: o amor	10
Por que o ciúme?	11
O lado bom do ciúme	12
As apelações do ciúme	16
Amor possessivo não é amor	18
Amar alguém é comprometer-se	20
Sinceridade no namoro	22
Só o amor é capaz de fazer desabrochar	24
Nosso grande amor é Deus	26
Os caminhos do amor	28
Ciúme, uma defesa da infância	32
O ciúme é curável	34

Amor e ciúme, os famosos irmãos gêmeos	36
A espiritualidade como alimento	38
Todo ato de amor faz crescer	40
O lado de sombras do ciúme	41
O amor é um presente de Deus	44
O amor transforma-nos	46
O amor é assim	48
Como conhecer-nos?	50
O outro faz-me crescer	52
A liberdade do amor fascina	54
Livros sobre o assunto	58

Impresso na gráfica da
Pia Sociedade Filhas de São Paulo
Via Raposo Tavares, km 19,145
05577-300 - São Paulo, SP - Brasil - 2014